ANALISI DEL LIBRO

AF136745

E non rimase nessuno

· · · · · · · · · · · · · ·

Agatha Christie

ANALISI DEL LIBRO

Scritto da Elena Pinaud
Tradotto da Sara Rossi

E non rimase nessuno

AGATHA CHRISTIE

AGATHA CHRISTIE

ROMANZIERA, DRAMMATURGA E SCRITTRICE DI RACCONTI INGLESE

- **Data e luogo di nascita:** Devon, 1890.
- **Data e luogo di morte:** Oxford, 1976.
- **Opere principali:**
  - *Assassinio sull'Orient Express* (1934), romanzo
  - *Morte sul Nilo* (1937), romanzo
  - *L'avventura del budino di Natale e una selezione di antipasti* (1960), raccolta di racconti

Agatha Christie nacque nel Devon nel 1890 ed è stata un'autrice inglese particolarmente nota per la sua serie di gialli famosi in tutto il mondo. Scrisse più di 60 romanzi (tra cui *"L'assassinio di Roger Ackroyd"*, 1926; *"Assassinio sull'Orient Express"*, 1934; e *"Morte sul Nilo"*, 1937), diverse opere teatrali (tra cui *"Trappola per top"i*, 1952), due autobiografie e sei romanzi con lo pseudonimo di Mary Westmacott. Alcuni dei detective dei suoi libri, come Hercule Poirot e Miss Marple, sono personaggi famosi ancora oggi.

I suoi libri si distinguono per il loro stile unico e presentano diversi elementi riconoscibili, come la capacità di mantenere il mistero e la suspense fino alla fine del racconto, la spontaneità, l'umorismo e i finali a sorpresa.

E NON RIMASE NESSUNO

DA UNA FILASTROCCA PER BAMBINI A UNA SERIE DI SPAVENTOSI OMICIDI

- **Genere**: romanzo poliziesco

- **Edizione di riferimento**: Christie, A. (2007) *And Then There Were None*. Edizione Masterpiece. New York: Harper.

- **Prima edizione**: 1939

- **Temi**: ansia, omicidio, isolamento, senso di colpa, indagine, performance

"E non rimase nessuno" (1939) è un romanzo poliziesco che descrive una serie di macabri omicidi che avvengono a porte chiuse e che la legge non è in grado di fermare. Le vittime sono ex imputati che sono stati lasciati liberi per mancanza di prov. L'atmosfera misteriosa e snervante, il ritmo dei dialoghi, l'elemento interattivo (il lettore può cercare di indovinare l'identità dell'assassino) e la natura strettamente strutturata della storia continuano ad affascinare ancora oggi lettori giovani e meno giovani.

SINTESI

LA MISTERIOSA FAMIGLIA OWEN

La storia si svolge negli anni '40, nel Devon, nel sud dell'Inghilterra. Il primo capitolo introduce quasi tutti i personaggi del libro in viaggio verso l'Isola del Soldato: Mr Justice Wargrave, Vera Claythorn, il capitano Philip Lombard, Miss Emily Brent, il generale Macarthur, il dottor Armstrong, Anthony Marston e Mr Blore. Sono tutti ospiti dei signori Owen, proprietari dell'isola. Tuttavia, una volta incontrati al porticciolo, gli ospiti si rendono conto che nessuno di loro conosce gli Owen o l'Isola del Soldato che, vista da lontano, ha "qualcosa di sinistro".

La casa degli Owen è molto moderna e i loro domestici, i signori Rogers, offrono agli ospiti un servizio impeccabile. Tuttavia, ammettono anche di non conoscere i proprietari, che peraltro non si trovano sull'isola. Vera, che scopre nella sua stanza una filastrocca su dieci soldati che scompaiono uno dopo l'altro, pensa che si tratti di un legame con il nome dell'isola (Soldier Island).

LA FILASTROCCA DEI "DIECI PICCOLI SOLDATI"

Durante la cena, gli otto ospiti si rendono conto che, in primo luogo, la stessa filastrocca si trova in ciascuna delle loro stanze e, in secondo luogo, ci sono dieci statuette di soldati sul tavolo della sala da pranzo. Poco dopo, una voce dal nulla accusa tutti gli abitanti dell'isola di aver commesso un crimine, gettando tutti nel panico.

In realtà, la voce proveniva da un grammofono in una stanza vicina. Il signor Rogers ammette poi di aver ricevuto l'ordine dagli Owen di azionarlo. Spiega che lui e sua moglie sono stati assunti, tramite un'agenzia, da Ulick Norman Owen, che aveva inviato loro indicazioni per posta. Gli ospiti, dapprima stupiti, sono poi indignati dalle accuse rivolte loro e ognuno tenta di difendersi.

Il giudice Wargrave suggerisce che ogni ospite spieghi perché sia sull'isola e risponda alle accuse che gli vengono rivolte: alcuni di loro negano completamente i propri crimini, altri si offendono, mentre altri ancora, come Lombard e Marston, ammettono la loro colpa pur negando ogni responsabilità. Il giudice fa notare con astuzia che le iniziali della coppia che li ha invitati qui suonano come la parola "sconosciuto" (Ulick Norman Owen e Una Nancy Owen, o U. N. Owen) e giunge alla conclusione che la persona che ha inviato loro gli inviti "sa [...] molto" e suggerisce immediatamente di lasciare l'isola. Tuttavia, il signor Rogers evidenzia che l'unico modo per lasciare Soldier Island è la barca che arriva ogni mattina con le provviste.

I PRIMI OMICIDI

Gli omicidi iniziano quella notte: Anthony Marston beve un bicchiere di whisky e muore. Il dottor Armstrong analizza il bicchiere e conclude che il giovane sia morto avvelenato. Mentre il dottore pensa a un suicidio, Vera non può fare a meno di pensare che Anthony sia morto proprio come il primo "soldato" della filastrocca, che è morto soffocato dopo aver bevuto.

Il dottor Armstrong viene svegliato nel cuore della notte dal signor Rogers per esaminare un'altra scena del crimine, questa volta della signora Rogers e decide di aspettare la fine della colazione per annunciare la notizia agli altri ospiti.

Quella mattina, la barca non arriva e gli ospiti cominciano a preoccuparsi, soprattutto perché il tempo è peggiorato. L'ansia aumenta ulteriormente quando Rogers scopre che sul tavolo della sala da pranzo ci sono solo otto statuette di soldati. Lombard pensa che tutti sull'isola si occupino di "crimini che non possono essere portati a casa dai loro autori" e che Marston e la signora Rogers siano stati uccisi dall'ONU Owen, che deve trovarsi sull'isola da qualche parte. Blore, il dottor Armstrong e Lombard, armati di pistola, decidono di ispezionare l'isola. Tuttavia, dopo non aver trovato alcuna traccia di Owen sull'isola o nella casa, gli ospiti iniziano a sospettare l'uno dell'altro.

A cena, dopo essersi giustificato, Macarthur viene trovato morto, colpito alla testa da una mazza. Il giudice Wargrave riassume gli eventi della giornata e giunge all'innegabile conclusione che Owen deve essere uno degli invitati. Organizzano una sorta di indagine, mettendo insieme i fatti della morte di Marston e della signora Rogers e le reazioni di ciascun ospite agli omicidi. Il giudice conclude che ognuno di loro è sospettato. Il criminale è tra loro: non possono fidarsi di nessuno.

La mattina dopo, il signor Roberts viene trovato morto, con la testa squarciata da una mannaia. Sul tavolo della sala da pranzo ci sono ora solo sei statuette, il che non impedisce agli ospiti di continuare la loro giornata come al solito.

Dopo la colazione, la signorina Brent, sola nella sala da pranzo, sente il ronzio di un'ape e viene punta sul collo. Gli altri ospiti la trovano morta. Armstrong, l'unico ospite che ha una siringa, viene perquisito, ma la siringa non è più nella sua valigia. Di conseguenza, il giudice decide di ispezionare ognuno dei cinque sopravvissuti e di mettere al sicuro il farmaco di Armstrong e il revolver di Lombard, anch'esso scomparso. Blore trova finalmente la siringa, gettata dalla finestra della sala da pranzo, con la quinta statuetta.

Vera, sola nella sua stanza, è spaventata da alcune alghe che pendono dal soffitto e che scambia per una mano che sta per strangolarla. Allarmati dal suo grido, i sopravvissuti, ad eccezione del giudice, accorrono in suo aiuto. Dopo essersi assicurati che Vera non sia in pericolo, tornano nella sala da pranzo e scoprono il corpo di Wargrave, seduto su una poltrona, vestito con una tunica scarlatta (la tenda rossa del bagno che era scomparsa) e una parrucca da giudice improvvisata. Armstrong annota che è stato ucciso da un proiettile alla testa.

Quella notte, Blore sente dei passi nel corridoio e scorge una sagoma che esce dalla casa. Sveglia gli altri e si accorge che anche Armstrong è scomparso. Blore e Lombard si mettono alla sua ricerca, ma tornano a mani vuote. Nel frattempo, un'altra statuetta è scomparsa dal tavolo della sala da pranzo.

IL CRIMINE PERFETTO

La mattina dopo, i tre sopravvissuti sono nervosi. Vera pensa che Armstrong abbia teso loro una trappola fingendo la sua scomparsa, poiché la filastrocca parla di "aringa rossa". Tutti e tre escono di casa per andare a cercare il dottore. Blore torna a casa per mangiare e viene trovato morto da Lombard e Vera, con la testa schiacciata da un orologio.

Scossi da questo omicidio, i due sopravvissuti si nascondono sulla scogliera, dove scorgono il corpo di Armstrong, annegato. Mentre estraggono il corpo dall'acqua, Vera vede la sua occasione e sfila la pistola di Lombard dalla tasca. Lo uccide, convinta che non sarà più in pericolo una volta rimasta sola sull'isola.

Quando torna a casa, nota che ci sono ancora tre statuette sul tavolo della sala da pranzo. Ne butta via due e tiene l'ultima. Sale poi in camera sua, dove trova una corda appesa al soffitto e una sedia sotto di essa. Decide di impiccarsi, mentalmente esausta.

Quando i corpi vengono scoperti, viene aperta un'indagine per trovare il colpevole. Due ispettori di Scotland Yard, Thomas Legge e Maine, discutono dei dieci corpi scoperti sull'Isola del Soldato, acquistata da un uomo di nome Isaac Morris (un personaggio misterioso, morto in circostanze sospette poco prima dell'arrivo dei dieci personaggi sull'isola) da Owen. Le loro indagini rivelano che tutti gli ospiti sono stati coinvolti in crimini, ma tutti sono stati assolti per mancanza di prove. Pensano che il criminale debba essere uno dei personaggi uccisi sull'isola. Maine ricostruisce la cronologia degli omicidi leggendo i diari degli ospiti. Conclude che, dopo la morte di Vera, doveva esserci un altro sopravvissuto sull'isola per riporre la sedia che la maestra aveva usato per impiccarsi. Tuttavia, non riesce ancora a capire chi sia il criminale.

Il capitolo finale è la confessione scritta di Wargrave. Si scopre che è lui il criminale dell'isola; ha finto la sua morte per evitare ogni sospetto. Ammette i suoi crimini in una lettera che firma e getta in mare in una bottiglia. Di conseguenza, se la polizia troverà la lettera, il crimine sarà risolto; in caso contrario, il caso rimarrà per sempre un mistero. Spiega che, dopo aver scoperto di essere affetto da una malattia mortale e dato che era comunque alla fine della sua carriera, aveva deciso di uscire come "artista del crimine" e di commettere l'omicidio perfetto, che nessuno sarebbe mai in grado di risolvere. Scopre i segreti delle sue future vittime attraverso delle voci e le invita a Soldier Island, precedentemente acquistata con l'aiuto di Isaac Morris, che poi avvelena. Morris è quindi la decima vittima, poiché Wargrave si suicida, credendosi completamente innocente.

La lettera viene infine scoperta dal comandante del peschereccio *Emma Jane* e inviata a Scotland Yard.

STUDIO DEL CARATTERE

IL GIUDICE WARGRAVE

Wargrave, il personaggio che apre e chiude il romanzo, è un ex giudice con una reputazione formidabile nel mondo della giustizia, soprannominato "il giudice impiccato" per la sua rigidità. Il dottor Armstrong ricorda che "aveva un grande potere sulla giuria: si diceva che potesse decidere per loro in qualsiasi giorno della settimana".

Si erge a giudice supremo dell'isola e manipola gli altri personaggi come burattini. Oltre al suo talento di giudice spietato, Wargrave ha molte altre qualità:

- È un astuto psicologo ed è in grado di prevedere le azioni delle sue prossime vittime. Di conseguenza, invia a ciascuna di loro un falso invito, scritto abbastanza bene da ingannarle e attirarle sull'isola.

- È intelligente, organizza e conduce un'indagine come un vero poliziotto.

- È anche un attore di talento (nasconde molto bene le sue vere emozioni) e un regista (vuole fare "qualcosa di teatrale").

- Avrebbe potuto essere uno scrittore di polizieschi e ritiene di avere una "immaginazione inguaribilmente romantica".

In breve, è il criminale perfetto ("Era mia ambizione inventare un mistero che nessuno potesse risolvere"). Wargrave è, quindi, un personaggio complesso:

- Il giovane Wargrave era un adolescente crudele, che amava torturare e uccidere gli insetti, provando, allo stesso tempo, un immenso piacere e un implacabile rimorso.

- L'adulto Wargrave è un uomo molto sicuro di sé, guidato da un particolare senso della giustizia. Di conseguenza, "arriva a vedersi come onnipotente, come detentore del potere di vita e di morte". Si fida del suo istinto ed è capace di fiutare la colpa, vantandosi di non aver mai commesso un errore legale grazie a questo alto grado di percezione. Questa follia e fiducia in sé stesso era già stata notata da un suo coetaneo, che lo descrive come "un fanatico con il pallino della giustizia".

- È anche molto ambizioso e desidera concludere la sua vita "in un tripudio di emozioni". "Vorrei vivere prima di morire", dice.

In un certo senso, sembra una sorta di Satana moderno: onnipotente nel suo "inferno" (Soldier Island), con le vittime alla sua mercé. Uccide i suoi ospiti secondo un ordine prestabilito; quelli che, secondo lui, sono meno colpevoli vengono uccisi per primi, mentre i più colpevoli vengono tenuti per la fine. Compie il suo crimine in modo ingegnoso, uccidendosi con il revolver di Lombard utilizzando un sistema di corde e un fazzoletto, per far credere agli investigatori che sia stato davvero ucciso da un proiettile alla testa, come scrivono gli ospiti nei loro diari.

VERA CLAYTHORNE

La giovane Vera Claythorne è un'ex governante, amante dei giochi e segretaria personale durante le vacanze scolastiche. Ha commesso un crimine d'amore: ha finto di cercare di salvare Cyril, il bambino di cui era governante, dall'annegamento, affinché il suo amante Hugo, zio di Cyril, potesse ereditare il patrimonio di famiglia e sposarla. Tuttavia, nega ogni responsabilità e afferma di aver fatto tutto il possibile per salvare il bambino.

È molto intelligente e capisce subito il significato della filastrocca dei dieci soldati. È quella che è costretta ad aspettare più a lungo la morte, poiché è la vittima finale del giudice: si impicca, stremata dalla paura, dal rimorso e dalla disperazione, completamente manipolata da Wargrave. Secondo il ragionamento perverso di Wargrave, è quindi lei ad aver commesso il crimine più grave. Inoltre, ha una mente molto logica, cerca di pensare con calma e razionalità e non si fida di tutti gli altri ospiti dell'isola.

CAPITANO PHILIP LOMBARD

Ex marinaio squattrinato, Lombard riconosce di aver lasciato morire un gruppo di indigeni in Africa, anche se giustifica la sua azione con il fatto che "l'autoconservazione è il primo dovere di un uomo". Pur essendo presente sull'isola per un lavoro non specificato, viene trascinato nella sanguinosa storia senza sapere di essere stato intrappolato, anche se è abituato a rapporti sospetti: "nelle azioni passate di Lombard la legalità non era sempre stata una conditio sine qua non".

Essendo il penultimo a morire, Wargrave considera chiaramente il suo crimine molto grave. Tuttavia, grazie al suo spirito avventuriero e a tutto ciò che ha vissuto, non è sopraffatto dalla paura, come gli altri. È l'unico che riesce a indovinare, per pura fortuna, l'identità e il movente del colpevole, prima che il giudice lo metta fuori gioco con la sua messinscena.

LA SIGNORINA EMILY BRENT

E' una donna nubile che è stata educata dalla sua famiglia in modo estremamente rigido e religioso. È molto sicura di sé e non esita a giudicare gli altri ospiti. Non teme la morte, poiché ritiene di aver condotto una vita irreprensibile. Crede sinceramente di non essere colpevole del crimine di cui è stata accusata: ha licenziato una cameriera rimasta incinta e la ragazza si è suicidata. È il quinto personaggio a morire.

GENERALE MACARTHUR

Questo ex soldato è il terzo a morire. Come per la maggior parte degli altri personaggi, i suoi ricordi sono troppo pesanti da sopportare; pesano sulla sua coscienza e il suo senso di colpa diventa sempre più forte. La sua innocenza non è che una facciata. Il suo crimine è stato quello di inviare un giovane ufficiale in missione di ricognizione durante la Prima Guerra Mondiale (1914-1918), pur essendo perfettamente consapevole del rischio e il giovane è stato ucciso. In realtà, il generale voleva vendicarsi: aveva mandato l'ufficiale in missione come punizione per essere andato a letto con sua moglie.

Non ha abbastanza forza interiore per nascondere le sue paure come fanno gli altri. Di conseguenza, trova finalmente la pace nel momento in cui si rende conto che morirà sull'isola: la morte significa la fine del suo tormento.

DOTT. ARMSTRONG

Armstrong è un medico rispettato con una brillante carriera. Tuttavia, è tormentato dal ricordo di una donna che è morta dopo un'operazione da lui eseguita quando era ubriaco.

È credulone e ingenuo. Di conseguenza, Wargrave lo manipola facilmente per renderlo suo complice, al fine di inscenare il "suicidio" del vecchio giudice. Infatti, quando il corpo di Wargrave viene scoperto, Armstrong è l'unico ad avvicinarsi al presunto cadavere. Questa strategia è stata pensata da Wargrave per poter fingere di essere morto e continuare i suoi crimini senza ulteriori sospetti. Tuttavia, il medico lo aiuta volentieri, convinto che questo permetterà al giudice di osservare meglio gli altri ospiti e di smascherare l'assassino che, secondo lui, alla fine commetterà un errore. Non appena, però, il medico non gli è più utile, il giudice lo uccide. Per sbarazzarsi di lui, Wargrave gli tende una trappola: affermando di voler cogliere l'assassino sul fatto, convince il dottore a incontrarlo sulle scogliere in riva al mare e Wargrave ne approfitta per spingerlo nell'oceano nel cuore della notte.

ANTHONY MARSTON

Questo "metro e ottanta di corpo ben proporzionato" è la prima vittima di Wargrave. Il giudice ritiene che si tratti di un giovane amorale, senza coscienza, senso di responsabilità o buona educazione. Infatti, continua a negare di essere responsabile dell'incidente d'auto che ha causato la morte di due bambini che, secondo lui, sono usciti all'improvviso davanti alla sua auto.

SIGNOR BLORE

Ex poliziotto corrotto, il signor Blore è giudicato da Wargrave indegno di lavorare nel mondo della giustizia. Infatti, Blore ha testimoniato il falso contro un rapinatore armato, accusandolo di aver ucciso la guardia di sicurezza di una banca. Il criminale morì in prigione. Blore aveva preso una tangente per commettere falsa testimonianza. Wargrave considera questo un grave crimine e decide di uccidere Blore come punizione.

IL SIGNOR E LA SIGNORA ROGERS

Sebbene siano solo i domestici della casa di Soldier Island, questa coppia non è del tutto irreprensibile dal punto di vista morale: hanno lavorato per una ricca vedova che si è ammalata una notte di tempesta. Il signor Rogers sostiene di non aver potuto fare nulla per l'anziana donna, che morì prima del suo arrivo con il medico. La coppia ha ereditato, quindi, una bella somma di denaro.

Tuttavia, Wargrave ritiene che il signor Rogers sia colpevole della morte del suo ex datore di lavoro e, di conseguenza, gli riserva una fine violenta, mentre la signora Rogers, avendo agito sotto l'influenza del marito e già devastata dal rimorso, muore nel sonno.

ANALISI

NON IL SOLITO ROMANZO POLIZIESCO

"E non rimase nessuno" è un romanzo poliziesco insolito sotto più punti di vista. Anche se la premessa è semplice (dieci persone, senza alcun legame apparente, riunite in uno spazio chiuso), la storia diventa notevolmente più complessa man mano che vengono rivelati altri dettagli (le accuse di crimini commessi, i ricordi e poi il rimorso dei personaggi dimostrano che queste persone non siano lì per caso). La Christie gioca con i codici del romanzo poliziesco per costruire una storia che spiazza completamente il lettore:

- L'assassino e l'investigatore sono la stessa persona: Il giudice Wargrave. Egli indaga sui crimini che ha commesso, diventando allo stesso tempo un agente della legge e un criminale. Wargrave illustra da solo la natura ambivalente della storia. Inoltre, poiché non c'è un investigatore, nel vero senso della parola, il lettore è spiazzato, perché non può immedesimarsi nel personaggio e farsi un'idea del crimine attraverso i suoi indizi.

- L'autrice "imbroglia" e si prende gioco del lettore. Ad esempio, ci fa credere che il colpevole sia stato ucciso proprio a metà della storia per depistarci (subito dopo averci dato la soluzione del mistero attraverso Lombard, che indovina l'identità del colpevole in modo del tutto casuale). Di conseguenza, i numerosi indizi e piste possibili non fanno altro che confondere ulteriormente il lettore.

- C'è un'altra domanda che è importante quanto l'identità dell'assassino in *"E non rimase nessuno"*, una domanda che è piuttosto rara nei romanzi polizieschi: chi sarà la prossima vittima?

"E non rimase nessuno" è un romanzo poliziesco atipico, in quanto non ci sono personaggi che combattono il crimine in questo libro. Wargrave, che è sia l'investigatore che l'assassino, non può essere considerato un agente della legge. È molto lontano dagli investigatori tradizionali come Hercule Poirot, uno dei personaggi della Christie, o Sherlock Holmes, il personaggio più famoso di Arthur Conan Doyle (scrittore britannico, 1859-1930). Non è tanto un romanzo poliziesco quanto un romanzo criminale, che si consuma quando le vittime cominciano a scomparire. Non appena l'ultima "soldatessa" della filastrocca esala l'ultimo respiro, la storia finisce.

 ## IL MISTERO

Il whodunit è una versione abbreviata di "chi [ha] fatto" e viene utilizzato per descrivere i romanzi polizieschi che presentano al lettore un mistero da risolvere. Nel thriller, invece, il mistero (se c'è) non è al centro della trama e l'attenzione si concentra sugli eventi e sulle reazioni dei personaggi. Di conseguenza, il whodunit, il tipo più emblematico di romanzo poliziesco, è un libro giallo in cui i personaggi (e il lettore) cercano di indovinare l'identità dell'assassino. La soluzione del mistero è fondamentale per la trama e gli indizi vengono lasciati al lettore nel corso della storia. È quasi un gioco, in quanto lo scopo è smascherare il colpevole prima che lo faccia il protagonista. Questo genere era

LA FILASTROCCA E LA MISE EN ABYME

La filastrocca *"Dieci piccoli soldati"* era in origine una canzone americana per bambini scritta nel XIX secolo. Ha un ruolo fondamentale nel romanzo: è il tema centrale della storia ed è, quindi, una forma di *mise en abyme*. Infatti, la filastrocca predice il destino riservato a ciascuno dei personaggi invitati sull'Isola dei Soldati. Per quanto riguarda le dieci statuette dei soldati, esse servono a segnare l'eliminazione degli ospiti e a fare pressione sui sopravvissuti.

La piccola storia raccontata nella filastrocca rispecchia la trama di *"E non rimase nessuno"*, poiché ogni personaggio viene ucciso secondo questaa: la prima vittima viene avvelenata; la seconda viene uccisa nel sonno; la terza muore "nel Devon"; la quarta viene uccisa da un'ascia, mentre stava per tagliare la legna; la quinta viene "pungolata"; la sesta "muore nell'alta corte" (riferendosi alla finta morte del giudice); la settima annega (l'"aringa rossa"); l'ottava viene colpita da un orologio a forma di orso; la nona viene uccisa da un proiettile (viene "frizzata"); e la decima si impicca.

Inoltre, una filastrocca è una canzone che i bambini cantano per determinare la persona che è fuori dal gioco o che deve correre dietro agli altri. Questa eliminazione casuale permette a Wargrave di uccidere le sue vittime proprio come in un gioco: "la filastrocca dei dieci soldatini […] mi aveva affascinato da bambino di due anni – l'inesorabile diminuzione – il senso di inevitabilità".

UN'APPARENTE FRIVOLEZZA

Il romanzo ha, quindi, un certo aspetto infantile che maschera la bruttezza degli eventi e conferisce alla storia una certa frivolezza. La filastrocca ne è, chiaramente, l'elemento più evidente. Tuttavia, anche senza di essa, il romanzo presenta un elemento ludico molto tangibile. Infatti, l'assassino gioca con le sue vittime. Lascia loro indizi sul destino a loro riservato e sta al gioco facendosi passare per una potenziale vittima. Anche il lettore partecipa a questo gioco, in quanto viene incoraggiato a cercare di dipanare i fili della trama per risolvere il mistero. La confessione del giudice Wargrave alla fine del romanzo è come la soluzione di un gioco, che conferma o contraddice i sospetti del lettore. Va notato anche che la confessione di Wargrave è un altro gioco. Trascinato dalla sua megalomania, è certo che nessuno sarà mai in grado di risolvere il mistero. La confessione è, quindi, il suo trofeo e gli permette di assumersi la responsabilità dell'enigma.

Oltre al morboso gioco a nascondino con le vittime, il lettore e la polizia, la frivolezza del romanzo è indicata anche dall'assenza di considerazioni morali. Il narratore non giudica mai i personaggi, anche se tutti sono accusati di omicidio. Paradossalmente, l'unico garante di una qualche forma di moralità è l'assassino stesso, poiché è colui che punisce le persone nello stesso momento in cui egli stesso commette dei crimini.

L'umorismo e l'ironia sono una presenza molto forte nel romanzo e contribuiscono a costruire questa apparente frivolezza rendendo leggeri gli eventi. Prendiamo ad esempio le ultime parole di Antony Marston, che beve alla salute dell'assassino poco prima di morire avvelenato. Questo atteggiamento apparentemente spensierato, in contrasto con l'onnipresenza della morte e l'apparizione di una sorta di follia che attanaglia i sopravvissuti, rafforza il tono cupo del romanzo.

"E non rimase nessuno" è un testo che è sia un romanzo che un gioco. Esplora l'inganno dell'uomo e presenta una sorta di ambivalenza che gli permette di esplorare una storia molto cupa. Non c'è alcun sentimento morale nel romanzo: i sopravvissuti non piangono i morti; fanno parte di un gioco crudele in cui sono tutti concorrenti. Il lettore stesso partecipa a questo gioco che nasconde la tragedia che si sta consumando sull'isola.

GIUSTIZIA E PUNIZIONE

Il motivo che spinge il giudice Wargrave a commettere i suoi crimini è la giustizia. Lombard scopre la soluzione del mistero senza rendersene conto: spiega che il giudice, a causa della sua posizione, potrebbe essere stato colto da manie di grandezza e megalomania, che lo hanno portato a decidere lui stesso cosa sia giusto e cosa no. L'assassino ritiene che le sue vittime siano riuscite a sfuggire al radar della giustizia e ha deciso di diventare lui stesso il carnefice, ma è davvero una questione di giustizia?

- Wargrave sembra agire più per vendetta che per giustizia di cui il suo ragionamento è è dolorosamente privo. Alle sue vittime non offre la possibilità di dimostrare la propria innocenza e la sentenza viene applicata dal giudice, che è anche il boia e l'investigatore. È una parodia della giustizia, in cui il giudice non è mai altro che contro gli imputati.

- Il giudice non applica la giustizia della legge, ma il suo tipo di giustizia. Determina arbitrariamente quali sono i crimini meno gravi, uccidendo per primi coloro che li hanno commessi per evitare la tortura psicologica che attende coloro che hanno commesso crimini più gravi ai suoi occhi. Va notato anche che l'ultima persona a morire è il giudice stesso, poiché ha commesso il crimine più efferato di tutte le vittime, anche se si descrive come un innocente riparatore di torti.

- Anche le vittime sono colpevoli. Ogni protagonista è colpevole di un crimine letale. Di conseguenza, nessuno di loro è completamente innocente: i personaggi sono vittime di Wargrave, perché hanno tutti commesso qualche crimine. L'isola ospita, quindi, un gruppo di assassini e di vittime. Ciò inverte il sentimento di empatia che normalmente proviamo per la vittima innocente. Questa ambivalenza tra colpa e innocenza rende più difficile per il lettore trovare il colpevole (deve trovare l'assassino in mezzo a dieci assassini) e dà anche agli eventi un tono di punizione, senza mai mettere in discussione la moralità delle azioni di ogni personaggio.

Se c'è un senso di giustizia in *"E non rimase nessuno"*, è una versione estrema, esagerata, più simile alla repressione che alla giustizia. Anche il concetto di giustizia non è molto chiaro nel romanzo. La confessione di Wargrave lascia un certo grado di dubbio sulle sue reali intenzioni. La giustizia è davvero il motivo o è solo un pretesto? Il giudice parla sia di punire i crimini che sono sfuggiti alla giustizia sia di riuscire a commettere quello perfetto. È il garante di un senso di moralità che si è costruito da solo, e. quindi. è lui a determinarne i limiti.

ANSIA E PAURA

La superiorità di Wargrave sta nel fatto che sa cosa sta per accadere. Provoca sadicamente uno stato di ansia negli altri, che non sanno nulla del loro ospite e di ciò che sta accadendo loro. Per il signor Rogers, "è questo che lo spaventa a morte. Non avere idea". Dopo i primi omicidi, l'ansia si trasforma in paura, che porta gradualmente i personaggi a rassegnarsi al proprio destino o a commettere errori fatali (si pensi al dottor Armstrong, che si fida ciecamente di Wargrave, o a Vera che, convinta che Lombard sia l'assassino, lo uccide per garantirsi la sopravvivenza).

A questo si aggiungono i sensi di colpa di ciascuno, su cui Wargrave fa leva. Inoltre, questo sentimento è così opprimente per alcuni che finiscono per ammettere la propria colpevolezza (come accade al generale Macarthur, a Lombard e a Blore). Ognuno di loro ha le sue ragioni per temere una condanna a morte, decisa da un giudice invisibile e sconosciuto. La forza del romanzo sta in questa tortura psicologica, violentissima, che però si nasconde sotto una parvenza di leggerezza: i personaggi sanno di essere stati condannati per misfatti passati sui quali non hanno più alcun controllo. Si trovano, quindi, di fronte a un'attesa terribile: sanno di essere condannati senza sapere quando, come e nemmeno per mano di chi la morte verrà a bussare.

ANSIA E PAURA

L'ansia è "uno stato di disagio o di tensione causato dall'apprensione di possibili disgrazie o pericoli futuri". La paura è "un sentimento di angoscia, apprensione o allarme causato da un pericolo imminente, dolore" (*Collins English Dictionary*).

UN MISTERO A CERCHIO CHIUSO

I personaggi della storia sono tutti imprigionati sull'isola, un luogo da cui non possono fuggire. Le vittime-colpevoli sono, quindi, tagliate fuori dal mondo e sono confinate in una gabbia, con diversi "livelli" di barriere che si incastrano tra loro come una bambola russa.

- La casa è la prima gabbia. Sembra essere un rifugio. È una casa moderna, completamente arredata, che all'inizio non sembra nulla di eccezionale. Durante la tempesta, è persino una barricata contro gli elementi. Le porte delle camere da letto possono essere chiuse a chiave, dando alle vittime l'illusione di essere al sicuro. Tuttavia, nel corso della storia, la casa si trasforma in una prigione, intrappolando le vittime nello stesso luogo del loro assassino. La casa, quindi, non può più essere un luogo di sicurezza quando diventa chiaro che il pericolo non è all'esterno.

- L'isola stessa è uno spazio confinato, una gabbia che contiene un'altra prigione: la casa. È una prigione a cielo aperto ma, paradossalmente, senza uscita. C'è una dimensione irreversibile in questo luogo, in quanto le persone possono entrare, ma non possono uscire. L'isola è anche un luogo di dipendenza: non si può uscire senza aiuto. È un luogo avvolto nel mistero e carico di leggende, che le conferiscono un aspetto quasi fantastico: l'isola è quindi tagliata fuori dal mondo, sia letteralmente che figurativamente.

- L'imperversare della tempesta che impedisce l'arrivo dei soccorsi è il terzo livello di prigionia dei personaggi. È un ostacolo meteorologico che costringe i personaggi a rinchiudersi nella casa, che da rifugio diventa una trappola fatale. Lo stato del mare è l'ultimo ostacolo a ogni speranza di fuga.

Simbolicamente, il tema dello spazio confinato richiama alla mente sia la prigione che il purgatorio, un luogo dove le vittime attendono di essere giudicate e punite. I personaggi devono, quindi, diffidare gli uni dagli altri, perché l'innocenza è l'unica cosa che manca nel racconto. L'isola è un luogo chiuso da cui la morte è l'unica via di fuga.

ULTERIORI RIFLESSIONI

ALCUNE DOMANDE SU CUI RIFLETTERE...

- I romanzi della Christie sono famosi per il loro umorismo. Trovate alcune scene "umoristiche" nel romanzo.

- Leggete un altro libro di Christie e confrontateli. In che modo sono simili?

- Stabilite un caso per l'accusa o la difesa di ciascuno dei personaggi.

- Ricercate la tecnica della *mise en abyme* e spiegate perché questo termine si applica al libro.

- Qual è il ruolo della filastrocca? In che modo questo aumenta la suspense?

- Come adatterebbe questo libro ai giorni nostri, tenendo conto dei progressi tecnologici?

- Si può dire che Wargrave abbia commesso il crimine perfetto? Spiegate il vostro punto di vista.

- Pensate che Wargrave abbia amministrato la giustizia? Difendete la vostra opinione.

- In che modo si può dire che *"E non rimase nessuno"* è un romanzo poliziesco?

- *"E non rimase nessuno"* è il cosiddetto "mistero della stanza chiusa". Definite questo termine e fornite almeno due esempi di romanzi che corrispondono a questo genere.

PER APPROFONDIRE

EDIZIONE DI RIFERIMENTO

Christie, A. (2007) *E non rimase nessuno*. Edizione Masterpiece. New York: Harper.

STUDI DI RIFERIMENTO

Berek, C. (2015) *Romanzi gialli: Diventare lo Sherlock Holmes dell'*analisi *di genere*. [Online]. [Accessed 30 March 2017]. Disponibile da: < http://isuwriting.com/wp-content/uploads/2015/12/Berek-Caitlin-GWRJ6.1.pdf>

Rouvinen, N. (2016) La *costruzione della mascolinità nel romanzo di Agatha Christie 'And Then There Were None'*. MA. Università della Finlandia orientale. [Online]. [Accessed 30 March 2017]. Disponibile da: < http://epublications.uef.fi/pub/urn_nbn_fi_uef-20160666/urn_nbn_fi_uef-20160666.pdf>

ADATTAMENTI

E non rimase nessuno. (1974) [film]. Peter Collinson, dir. Italia, Germania, Francia, Spagna, Regno Unito: Corona Filmproduktion, Talía Films, COMECI.

François Rivière e Frank Leclercq. *E non rimase nessuno*. (2009) [graphic novel].

E non rimase nessuno. (1974) [miniserie]. Craig Viveiros, dir. Regno Unito: Mammoth Screen, Agatha Christie Productions, Acorn Productions, A&E Networks.

Vogliamo sapere da voi!
Lasciate un commento sulla vostra biblioteca online
e condividete i vostri libri preferiti sui social media!

www.50minutes.com

Master ISBN: 9782808690034
ISBN cartaceo: 9782808611435
Deposito legale: D/2023/12603/1423

Copertura: © Primento

Concezione digitale a cura di Primento, il partner digitale degli editori.